BIOGRAPHIC
BOWIE

鲍伊传

[英]利兹·弗拉维尔
Liz Flavell
著

王英 译

重庆大学出版社

鲍伊传

BAOYI ZHUAN

［英］利兹·弗拉维尔　著

王英　译

BIOGRAPHIC
BOWIE

by Liz Flavell

图书在版编目（CIP）数据

鲍伊传 /（英）利兹·弗拉维尔（Liz Flavell）著；
王英译 . -- 重庆：重庆大学出版社，2022.7
（50 个标签致敬大师丛书）
书名原文：BIOGRAPHIC：BOWIE
ISBN 978-7-5689-3274-5

Ⅰ . ①鲍… Ⅱ . ①利… ②王… Ⅲ . ①鲍伊—传记
Ⅳ . ① K835.615.76

中国版本图书馆 CIP 数据核字（2022）第 102777 号

版贸核渝字（2019）第 138 号

Text© Liz Flavell，2018，Copyright in the Work © GMC
Publications Ltd, 2018

This translation of Biographic Bowie is published by
arrangement with Ammonite Press an imprint of GMC
Publications Ltd.

策划编辑：张菱芷
责任编辑：夏　宇　　　　装帧设计：琢字文化
责任校对：关德强　　　　责任印制：赵　晟
*
重庆大学出版社出版发行
出版人：饶帮华
社址：重庆市沙坪坝区大学城西路 21 号
邮编：401331
电话：（023）88617190 88617185（中小学）
传真：（023）88617186 88617166
网址：http://www.cqup.com.cn
邮箱：fxk@cqup.com.cn（营销中心）
全国新华书店经销
重庆新金雅迪艺术印刷有限公司印刷
*
开本：889mm×1194mm　1/32　印张：3　字数：155 千
2022 年 7 月第 1 版　2022 年 7 月第 1 次印刷
ISBN 978-7-5689-3274-5　定价：48.00 元

目录

标志性

当我们可以通过一系列标志性图像辨识出一位音乐家时，我们就能意识到，这位艺术家和他的音乐对我们的文化和思想产生了多么深刻的影响。

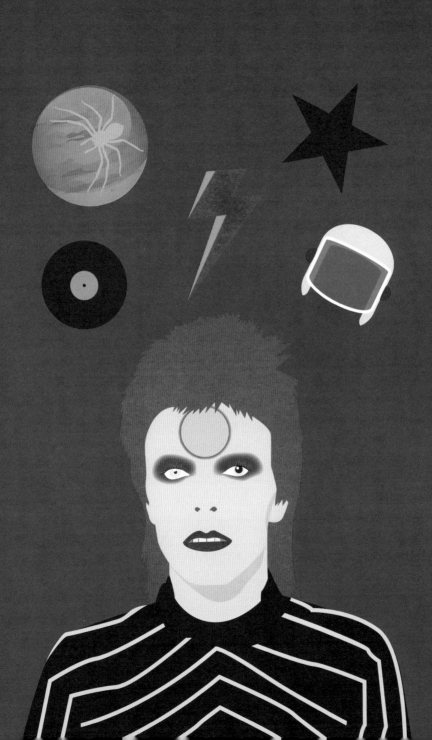

介绍

要用 50 个标志性图像和信息图来展示大卫·鲍伊（David Bowie）几乎是一项不可能完成的任务。他的人生挑战陈规与世俗，他的艺术拒绝贴上任何流派的标签，人生与艺术融为一体，不分彼此。鲍伊，这位流行音乐史上著名的变色龙，时而是音乐家；时而化身演员、艺术家和时尚偶像；时而演绎宇航员、光彩夺目的国王、灵魂男孩、隐士、混血儿、瘾君子、酒鬼、情人、丈夫、父亲等多种身份。但是，他作为文化革命者的身份从未变过，他激励了一代又一代的粉丝相信自己可以成为英雄。

2016 年 1 月 10 日，大卫·鲍伊的骤然离世令世人震惊。因为就在两天前——他 69 岁生日那天，刚刚发行了他的第 25 张录音室专辑①——《黑星》（Blackstar），给了粉丝们一个大大的惊喜。谁会料到，在如此强有力而富有创造性的复出之后，他竟转瞬死于癌症。这部最后的艺术作品酣畅淋漓地突显了几大主题——来自地球以外的生物鲍伊、被精心编排的人生、生命与艺术的交融，也引发了全球粉丝的悲痛及争相购买，成为鲍伊最畅销的专辑。

"我总有一种不想成为人类的矛盾想法。"

——大卫·鲍伊
《滚石》（Rolling Stone），1976 年 2 月 12 日

①实为第 28 张录音室专辑，参见本书第 32 页。——译者注

大卫·鲍伊的人生起初与常人无异。他本名大卫·琼斯（David Jones），出生于笼罩在战后冷峭氛围中的伦敦郊区。跟那时的许多年轻人一样，痴迷于美国音乐以及小理查德（Little Richard）和猫王（Elvis）的声音，强烈渴望不同凡响的人生，希望成为艺术家、演员或者音乐家。他尝试过 60 年代的摇摆伦敦（London in the Swinging Sixties）①所能接触到的一切：哑剧、与佛教僧侣一起冥想、参加民间音乐节以及通宵狂欢等。

1969 年，他改名为大卫·鲍伊，同年发行的摇滚单曲《太空异事》（Space Oddity）被用作英国广播公司（BBC）登月报道的背景音乐。他的职业生涯起步恰逢世界超越传统界限之时，在创造出齐格·星尘（Ziggy Stardust）这一角色后，鲍伊迅速成为真正的明星。鲍伊扮成有着火红头发的太空难民，用前卫的表演与声音令观众兴奋不已。畅销专辑《一切都好》（Hunky Dory）、《齐格·星尘和火星蜘蛛乐队的崛起与陨落》（The Rise and Fall of Ziggy Stardust and the Spiders from Mars）和《阿拉丁·萨恩》（Aladdin Sane）被"迷失一代"奉为指路明灯。你若看似有些与众不同，鲍伊的性别倒置和角色扮演会让你感觉仿佛找到了同类，让你的心灵得到慰藉。

① 摇摆伦敦：20 世纪 60 年代英国伦敦流行的青年文化现象。——译者注

介绍

鲍伊多变的造型和大胆的音乐尝试，是摇滚和流行音乐发展史上可圈可点的一环。从电声时代柏林神秘的《瘦白公爵》（*Thin White Duke*），到迪斯科舞曲《让我们跳舞吧》（*Let's Dance*）中被晒黑的、有着金色蓬松头发的鲍伊，形象重塑使他更贴近生活。他的最后一张专辑《黑星》在诸多方面均为惊世之作。随着鲍伊去世的消息被宣布，专辑的真正意义变得显而易见。模糊的歌词、象征性的视频和多变的专辑艺术是鲍伊探索死亡和与世人告别的独特方式。他的死如他的人生一样，已经成为一件艺术作品。

"有时候，直到某一个时刻成为记忆，你才会明白它真正的价值。"

——伊曼·阿卜杜勒马吉德（Iman Abdulmajid），2016 年 1 月 9 日

鲍伊的文化影响甚至远不止《火星上有生命吗？》（*Life On Mars?*）这样有影响力的歌曲，以及《天外来客》（*The Man Who Fell To Earth*）这样具有时代意义的电影所带来的那些。比如，过去谁知道互联网会改变我们的世界呢？鲍伊在 1999 年就已知晓。又是谁雌雄莫辨，颠覆人们对性别的认识呢？还是鲍伊，他在 1971 年引发了世人关于他性别取向的争论。对于许多歌迷来说，鲍伊远不只是一位摇滚明星——他打开了一扇门，让人们自由地成为他们想成为的人。我们在此书中，将以信息图表的形式描述他的生活与世界、作品与传承，试图捕捉到至少一部分这位将会被铭记为"太空歌者"的艺术家为应对俗世呈现出来的假面具、人格特征、偶像魅力以及独特创意。

大卫·鲍伊

01
生活

"我一直认为唯一要做的事情是，自生命之初便成为超人度过一生。可是我没能成为超人，我觉得自己渺小到不值一提。"

——大卫·鲍伊，《花花公子》（*Playboy*），1976 年 9 月

大卫·鲍伊

1947 年 1 月 8 日，出生于伦敦布里克斯顿

伦敦

布里克斯顿

大卫·罗伯特·琼斯出生于伦敦布里克斯顿，斯坦斯菲尔德路 40 号。他的父亲海伍德·斯滕顿·约翰·琼斯（Haywood Stenton 'John' Jones）是巴纳多博士（Dr Barnardo）儿童慈善机构的公关人员，遇上了当时还是女招待的鲍伊的母亲玛格丽特·玛丽·佩吉·伯恩斯（Margaret Mary 'Peggy' Burns）。佩吉已有儿子特里·伯恩斯（Terry Burns）和另一个已送人收养的孩子，而约翰有妻子和一个小女儿。直到大卫 8 个月大时，约翰和佩吉才结婚，因为此时约翰才与前妻办完离婚手续。

第二次世界大战结束两年后，粮食依然匮乏，仍实行配给制。琼斯一家与另外两个家庭同住在一栋三层楼的排屋里。屋外是灰蒙蒙的街道，孩子们在炮弹炸过的废墟上玩耍。而鲍伊，就是从这个饱经战争摧残的城市的废墟里走出来的。

英国

摇滚巨星出生潮

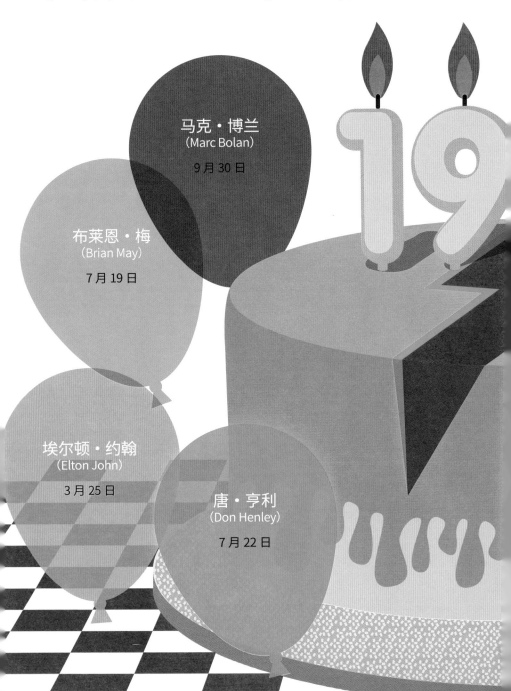

马克·博兰
（Marc Bolan）
9 月 30 日

布莱恩·梅
（Brian May）
7 月 19 日

埃尔顿·约翰
（Elton John）
3 月 25 日

唐·亨利
（Don Henley）
7 月 22 日

外祖父

詹姆斯·爱德华·伯恩斯
（James Edward Burns）
（1887—1946）

外祖母

玛丽·希顿
（Mary Heaton）
（1880—？）

佩吉的大儿子，即鲍伊同母异父的哥哥——特里·伯恩斯生于1937年。佩吉在战争期间还有过一段短暂的感情经历，生了一个女儿，名叫迈拉·安·伯恩斯（Myra Ann Burns），于1943年送人收养。

母亲

玛格丽特·玛丽·佩吉·伯恩斯
（Margaret Mary 'Peggy' Burns）
（1913—2001）

妻子

玛丽·安吉拉·安吉·巴内特
（Mary Angela 'Angie' Barnett）
（1949— ）
1970年结婚, 1980年离婚

大卫·罗伯特·琼斯
（David Robert Jones）
（1947—2016）

儿子

邓肯·佐薇·海伍德·琼斯
（Duncan Zowie Haywood Jones）
（1971— ）

鲍伊家族

鲍伊的祖父罗伯特·琼斯死于索姆河会战，年仅 34 岁[①]。其妻齐拉在他去世后仅 4 个月也随他而去。鲍伊的父亲约翰是由姑姑抚养长大的。约翰和儿子关系密切，可惜还未等到鲍伊成名他已早逝。鲍伊与母亲关系不好，多年不曾联系，直至 1992 年才母子和解。鲍伊同母异父的哥哥特里是他儿时的英雄，但是特里不幸罹患精神病，在精神病医院度过余生，于 1985 年自杀身亡。

祖父
罗伯特·海伍德·琼斯
（Robert Haywood Jones）
（1882—1916）

祖母
齐拉·汉娜·布莱克本
（Zillah Hannah Blackburn）
（1887—1917）

父亲
海伍德·斯滕顿·约翰·琼斯
（Haywood Stenton
'John' Jones）
（1912—1969）

妻子
伊曼·阿卜杜勒马吉德
（Iman Abdulmajid）
（1955—   ）
1992 年结婚

鲍伊同父异母的姐姐安妮特（Annette）生于 1941 年，是他父亲与一名护士在战时所生。安妮特由他父亲的首任妻子希尔达（Hilda）抚养。

女儿
亚历山德里娅·扎赫拉·琼斯
（Alexandria Zahra Jones）
（2000—   ）

①索姆河会战是第一次世界大战中规模最大的一次会战，发生在 1916 年 6 月 24 日至 11 月 18 日，英、法两国联军为突破德军防御并将其击退到法德边境，在位于法国北方的索姆河区域实施作战。双方伤亡近 130 万人，是第一次世界大战中最惨烈的阵地战，因其残酷性被称为"索姆河地狱"。——译者注

摇摆的 60 年代

1962

🍸 鲍伊和他最好的朋友乔治·安德伍德（George Underwood）为一个女孩大打出手，愤怒的安德伍德一拳打到鲍伊脸上，令鲍伊左眼虹膜括约肌损坏，双瞳颜色相异，大小不一，造成其招牌的"金银妖瞳"。

🎵 此后鲍伊和安德伍德仍是好友，一起组建了康拉兹乐队（Konrads），鲍伊是萨克斯手兼伴唱。他们翻唱披头士乐队（The Beatles）和阴影乐队（The Shadows）的歌曲。

1966

🎵 鲍伊被演出经理人肯·皮特（Ken Pitt）收入麾下。年底，皮特为鲍伊与迪卡唱片公司①的新厂牌德兰姆签下了合同。

🍸 鲍伊拜访了皮特的家，并从他藏书丰富的私人图书馆借阅图书——奥斯卡·王尔德（Oscar Wilde）②和阿尔伯特·卡默斯（Albert Camus）③激发了他的想象力。

1965

🍸 为避免与猴子乐队（The Monkees）主唱戴维·琼斯（Davy Jones）混淆，大卫·琼斯改名为大卫·鲍伊，鲍伊这个姓氏的灵感来自美国的拓荒先驱者詹姆斯·吉姆·鲍伊（James 'Jim' Bowie）④。

1967

🎵 6月1日，鲍伊发行第一张专辑《大卫·鲍伊》（David Bowie）。而就在一周前，披头士乐队刚发行专辑《佩珀军士孤独之心俱乐部乐队》（Sgt. Pepper's Lonely Hearts Club Band）。

🍸 鲍伊对佛教日渐着迷，前往苏格兰禅修，其间他考虑过出家成为一名僧侣。8月，鲍伊结识舞者和哑剧演员林赛·肯普（Lindsay Kemp），并在他位于伦敦科文特花园的舞蹈中心学习。9月，鲍伊出演他的第一部电影《意象》（The Image）。10月，鲍伊收到了英国娱乐从业者工会会员卡。

---

①迪卡唱片公司：宝丽金/环球集团旗下，以录制歌剧而闻名于世的唱片公司。——译者注
②奥斯卡·王尔德：19世纪英国最伟大的作家与艺术家之一。——译者注
③阿尔伯特·卡默斯：法国作家、哲学家，存在主义文学、荒诞哲学的代表人物，1957年诺贝尔文学奖获得者。——译者注
④也有人（如凯特琳·莫兰）称鲍伊这个姓氏是借自鲍伊刀（参见本书第77页）。——译者注

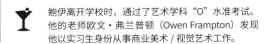

生活方式

音乐

1963

鲍伊离开学校时，通过了艺术学科"O"水准考试。他的老师欧文·弗兰普顿（Owen Frampton）发现他以实习生身份从事商业美术／视觉艺术工作。

康拉兹乐队为迪卡唱片公司录制了《我从未梦想过》（*I Never Dreamed*）这首歌，反响平平。鲍伊当时还叫大卫·琼斯。

1965

鲍伊加入摩登乐队——下三分之一乐队（The Lower Third），并在华盖俱乐部驻唱。乐队开着一辆旧救护车到处去演出。

1964

伦敦摇摆文化盛行，鲍伊完全沉浸其中。

鲍伊组建R&B乐队——蜂王（The King Bees）。单曲《莉萨·简》（*Liza Jane*）未能如愿上榜，导致他离开乐队。

1968

鲍伊为音乐剧《头发》（*Hair*）试镜。4月，在BBC《625剧场》（*Theatre 625*）的摄影场，他邂逅了芭蕾舞演员赫敏·法丁格尔（Hermione Farthingale）。

二人组建了绿松石乐队（Turquoise），后更名为羽毛乐队（Feathers），演奏20世纪60年代轻快的歌曲。

1969

鲍伊在贝肯汉姆的三个酒桶音乐酒吧创办了乡村音乐俱乐部——艺术实验室。8月5日，鲍伊的父亲去世。

在这登月之年，鲍伊以《太空异事》首获成功。这首歌在英国单曲排行榜上位居第5名，并为他赢得了艾弗·诺韦洛奖[1]。

①艾弗·诺韦洛（Ivor Novello），出生于英国威尔士，作家、作曲家、剧作家和演员。自1956年起，英国作曲家和作家学会BASCA设立了艾弗·诺韦洛奖，以表彰和奖励英国和爱尔兰优秀的歌曲创作。——译者注

来看看这位
与众不同的人

从很小的时候起，鲍伊就十分引人注目。他瘦骨嶙峋，
独特的眼睛投射出迷人的眼神。

化妆

3岁时，鲍伊化妆被母亲逮了个正着。母亲告诉他，化了妆的他像个小丑。

眼睛

乔治·安德伍德打到鲍伊脸上那一拳，弄伤了他左眼的虹膜括约肌，使其双瞳看起来大小不一，有时颜色也看似不同。

牙齿

在 20 世纪 70 年代，虽然鲍伊有一口不整齐且难看的牙，但他的笑容十分灿烂。德国艺术家杰西·海因（Jessine Hein）发现他的牙挺有趣，还做了一个他原生牙齿的手工雕塑。后来鲍伊在 80 年代做了牙科手术，到 90 年代换了一整口全新的牙齿。

鲍伊传

头发

鲍伊第一次在电视上亮相是
17 岁。作为保护男子留长发权利协
会会长，他顶着一头金色的长发，接受
了英国广播公司《今夜》（*Tonight*）栏
目的采访。

香烟

鲍伊的烟瘾是出了名的，他十几
岁就开始抽烟。多年来，他每天
要抽大约 80 支香烟。对这位明星
的采访基本都是在浓浓的烟雾中
进行的。若仔细听他的专辑《美
国年轻人》（*Young Americans*）
里的歌曲《你能听见我吗》（*Can
You Hear Me*），你能听到他快速
抽烟的声音。在经历了
一连串心脏病发作后，
他才彻底戒掉了烟瘾。

左撇子

鲍伊惯用左手写字，却惯用右手弹吉他。

鲍伊的伦敦

鲍伊在伦敦度过了他人生与职业生涯的初始阶段。虽然他出生于布里克斯顿，常自称"布里克斯顿男孩"，但在 1953 年，琼斯一家搬到了往南 10 英里的布罗姆利区。鲍伊在那里住了 10 年，直到 16 岁，迁回伦敦中部，在内文·D. 赫斯特广告公司上班，这是他的第一份，也是唯一一份演艺圈外的工作。

为了追求声誉和财富，鲍伊投身于音乐，在伦敦四处演出，几乎以索霍区①为家。1974 年，在结束齐格·星尘身份后不到 6 个月，他永久离开了这座城市。

迪卡录音室

在此录制了首张专辑《大卫·鲍伊》，还在 1967 年录制了单曲《大笑的侏儒》（The Laughing Gnome）。

英国广播公司电视中心

1972 年，在《流行音乐之巅》（Top of the Pops）节目中演唱《星星侠》（Starman）。

哈默史密斯·阿波罗剧场

1973 年，宣布齐格·星尘"已死"。

位于全球的房产

离开伦敦后，鲍伊的成功给了他得以在世界各地居住的机会。

美国纽约（1974—1975）
美国洛杉矶（1975—1976）
德国柏林（1976—1978）
瑞士沃州（1976—1982）
美国纽约（1979）
瑞士洛桑（1982—1992）
澳大利亚悉尼（1982—1992）
西印度群岛马斯蒂克岛（1989—1995）
美国纽约（1992—2002）
百慕大萨默塞特（1997）
美国纽约（1999—2016）
美国阿尔斯特（2003—2016）

关键词

● 家
● 演出
● 社交
● 录音室
摄影

①索霍区，伦敦有名的酒吧街。后来鲍伊长住直至去世的公寓是在美国纽约的索霍区。——译者注

三叉戟录音室

录制了《大卫·鲍伊》《一切都好》《齐格·星尘和火星蜘蛛乐队的崛起与陨落》。

韦尔公寓

1973 年，在此居住 6 个月。

威斯敏斯特

蒙娜丽莎咖啡馆

结识马克·博兰和史蒂夫·马里奥特（Steve Marriott）并一起畅聊音乐。

华盖俱乐部

1973 年，录制了《1980 年歌舞秀》（The 1980 Floor Show）。

切尔西

曼切斯特街 39 号

1967 年，与经纪人肯·皮特在此居住。

克莱尔维尔·格罗韦路 22 号

1968 年与赫敏·法丁格尔同居。

卡纳比街

在商店的垃圾箱里搜寻被丢弃的衣服。

赫登街

1972 年，为《齐格·星尘》的封面拍照。

旺兹沃斯区

奥克利街 89 号

1973—1974 年居住于此。

斯坦斯菲尔德路 40 号

出生地，且 6 岁前一直生活在这里。

吉尔斯顿路 43 号

在切尔西买了豪宅，但由于狗仔队的骚扰从未住过。

人生节点……

1970

结婚

住在哈登庄园

23 岁

买新车

妻子怀孕

与约翰·列侬（John Lennon）
一起参加派对

28 岁

1974

美国巡演

现场演出时被卡
在移动升降台

搬到美国洛杉矶

拍摄电影
《天外来客》

1975

27 岁

1976

搬到瑞士

在美国罗切斯特
因吸食毒品被捕

1977

发现新的创作过程

与伊基·波
普恣意人生

30 岁

29 岁

接触卡巴拉

迁至德国柏林

1971 **24**岁

赴美国巡回宣传

儿子邓肯·佐薇·海
伍德·琼斯出生

1972

与伊基·波普在录音室录制
《原始力量》（*Raw Power*）

美国巡演

25岁

1973

在哈默史密斯·阿波罗剧场彻
底结果了齐格·星尘这一角色

26岁

成为英国最畅销
专辑歌手

1978

继续等压线 II 巡演

担任交响童话《彼得
和狼》（*Peter and the
Wolf*）的解说和旁白

1979

瑞士蒙特勒
录音

32岁

排练《象人》
（*The Elephant Man*）

31岁

1月

1月，是鲍伊人生中最重要的一个月。那是他出生、死亡以及更多重大事件发生的月份……

4

1973
歌曲《吉恩·杰尼》（*The Jean Genie*）在《流行音乐之巅》栏目播出

5

2015
一颗小行星被命名为342843 大卫鲍伊

10

2016
逝世

11

1972
在 BBC 广播电台第 1 频道和 DJ 约翰·皮尔（John Peel）一起做节目

16

1985
同母异父的哥哥特里·伯恩斯自杀

17

1996
入驻摇滚名人堂

23

1971
首次来到美国

1976
发行专辑《一站到另一站》（*Station to Station*）

24

1973
为专辑《阿拉丁·萨恩》作最后的润色

29

1972
在艾尔斯伯里的修士俱乐部演出——皇后乐队主唱佛莱迪·摩克瑞（Freddie Mercury）就坐在观众席上

1974
在伦敦奥林匹克录音室制作专辑歌曲小样

3
1973
为《流行音乐之巅》栏目录制歌曲《吉恩·杰尼》

1972
发行单曲《变化》
（Changes）

8
1947
出生

2016
发行专辑《黑星》

14
1966
发行单曲《情不自禁想起我》（Can't Help Thinking About Me）
1977
发行专辑《低迷》（Low）

15
1971
发行单曲《圣哉圣哉》
（Holy Holy）
2016
专辑《黑星》首登英国榜榜首

5
2010
发行现场演唱会专辑《真实现场》（A Reality Tour）

26
1975
艾伦·延托布（Alan Yentob）导演以鲍伊为主角的BBC纪录片《疯狂的演员》（Cracked Actor）播出

27
1983
与美国EMI唱片公司签约

1
1970
到爱丁堡制作《镜子谋杀案》（The Looking Glass Murders）

音乐

私人生活

其他

生活

29

摩登爱情

大卫·鲍伊的爱情生活和他的音乐一样具有实验性和前卫性。他结过两次婚，还有一连串高调的情史，甚至据说伊丽莎白·泰勒（Elizabeth Taylor）也被他的魅力征服。1972年，就在与美国模特安吉·巴内特结婚两年后，鲍伊公开宣称自己是同性恋，后来改口说是双性恋，而后又再度澄清："我其实一直是一个彻底的异性恋。"在2002年的一次采访中，经过多年关于他的性能力的传言之后，鲍伊宣称："我的私生活就是这么丰富，对这个话题我想我们就到此为止吧。"

赫敏·法丁格尔

这位红发嬉皮士及女演员是鲍伊一生的初恋。1968年夏天，他搬进她位于南肯辛顿的公寓。鲍伊很少写关于自己私生活的歌词，但后来他却在歌曲《给赫敏的信》（*Letter to Hermione*）和《偶尔的梦》（*An Occasional Dream*）中敞开了心扉。

1968

1969

与赫敏分手后，鲍伊回到贝肯汉姆，投入女房东玛丽·芬尼根（Mary Finnigan）的怀抱。他们一起在三个酒桶音乐酒吧创建艺术实验室，鲍伊为她演奏自己的音乐。

玛丽·芬尼根

1970

热情洋溢，受过瑞士教育，充满能量的多性恋者，这就是安吉，是她发现了哈登庄园，并为她富有创意的丈夫将其改造成宫殿一般的家。当他们的开放式婚姻破裂时，鲍伊把与安吉的关系比作"与喷枪一起生活"。

玛丽·安吉拉·安吉·巴内特

1990

"在我们相遇的那晚，我已经在给孩子们起名字了。"鲍伊从不掩饰，当他在 1990 年的一次派对上被介绍给伊曼时，就对她一见钟情了。这位索马里超模与鲍伊远不止是在才华上契合，他们于 1992 年 4 月结婚。2000 年 8 月，这对夫妇有了女儿——亚历山德里娅。

伊曼·阿卜杜勒马吉德

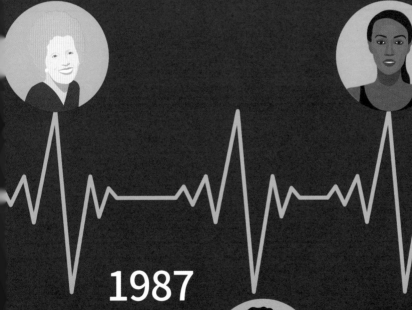

1987

1987 年，在玻璃蜘蛛巡回演出中，鲍伊遇见美国芭蕾舞演员梅莉萨·赫尔利（Melissa Hurley），两人于 1990 年订婚。可是，当鲍伊意识到两人 20 岁的年龄差距在将来会成为问题时，他提出了分手。

梅莉萨·赫尔利

与世长辞

2016 年 1 月 10 日

与鲍伊长期合作的钢琴师迈克·加森（Mike Garson）声称，20 世纪 70 年代末，一位灵媒告诉鲍伊，他将死于"69 岁或 70 岁"——他透露鲍伊对此预言深信不疑。鲍伊 69 岁生日时拍摄了生前最后的照片，照片中的他看起来顽皮而开心。

> "我希望我的死与我已经度过的和将要度过的人生一样有趣。"
>
> ——大卫·鲍伊，《花花公子》，1976 年 9 月

> "他的死和他的生一样，是一件艺术品。"
>
> ——托尼·维斯康蒂（Tony Visconti），鲍伊的朋友兼制作人，2016 年 1 月 11 日

鲍伊的朋友兼摄影师吉米·金（Jimmy King）拍摄的这些照片被上传到鲍伊的照片墙账号上，并附了说明："为什么这个男人这么快乐？是因为今天是他的 69 岁生日，还是因为今天发行了他那不同凡响的第 28 张录音室专辑？"

仅在两天后，鲍伊在他纽约的公寓里与世长辞。在过去的 18 个月里，他默默承受着肝癌的折磨。全世界的粉丝为他们的英雄哀悼。在布里克斯顿的温德鲁什广场，众人一起唱着《星星侠》和《让我们跳舞吧》。在纽约，拉斐特街 285 号的门口堆满了鲜花，鲍伊在那里度过了他最后的岁月。在柏林，人们聚集在舍内伯格区主街 155 号外，1976—1978 年，鲍伊和伊基·波普同住在那里的一套公寓里。鲍伊被火化，没有举行葬礼，安息之处仅有他的至亲知晓。

大卫·鲍伊

02
世界

"你们在谈论一位相当老成且博学的小伙子，他已准备好入世射出他的弓弩。但他只对准一个靶心——成功。"

——伊基·波普，《太空歌者》（*Starman*）①，2012 年

① 《太空歌者》是保罗·特伦卡（Paul Trynka）为鲍伊写的传记，Shphere 出版社 2012 年 3 月出版。——译者注

偶像的灵感

2013 年，当"大卫·鲍伊是……"主题展览在伦敦维多利亚和阿尔伯特博物馆举行时，第一批展品中有一件是鲍伊幼年居住的卧室的复制品。这间卧室单调而昏暗，但却是鲍伊儿时灵感的港湾……

速写本

在布罗姆利技术高中，班主任兼美术老师欧文·弗兰普顿 [音乐家彼得·弗兰普顿 (Peter Frampton) 的父亲] 对年轻的鲍伊影响很大。他鼓励学生们思考未来的职业生涯，并引导他们中的许多人走向艺术学校。大卫·鲍伊常常声称他上过艺术学校，虽然这并非事实。

电视机

1953 年，为了让全家看上英国女王伊丽莎白二世（Queen Elizabeth II）的加冕典礼，约翰·琼斯买了一台电视机，可时年 6 岁的鲍伊却对 BBC 在播的黑白电视剧《夸特马斯实验》（*The Quatermass Experiment*） 感兴趣得多。这部经典剧集激发了他对科幻毕生的迷恋。

留声机

年轻的鲍伊喜欢爵士乐，尤其迷恋小理查德。当被问及听小理查德 1955 年热门单曲《水果冰淇淋》（*Tutti Frutti*）的感受，鲍伊回答："整个房间充满了它的力量、色彩与惊世骇俗的反叛。我听见了上帝的声音。"

美式足球

20 世纪 50 年代，短波收音机如同通往另一个世界的护照。鲍伊花费数小时收听美国部队电台和美国体育评论。他渐渐痴迷于美式足球，喜欢欣赏身着全套球服的球员们的照片。1960 年 11 月，鲍伊身着自己的美式足球球衣为《布罗姆利与肯特郡时报》（*Bromley & Kentish Times*）拍摄照片——这是他首次为媒体拍照。

车载人生

梅赛德斯

鲍伊曾说专辑《低迷》中的歌曲《总开着同一辆车撞车》（*Always Crashing in the Same Car*）讲述的是他在瑞士开着他的奔驰车发生的一场车祸。可是伊基·波普却提供了另一个版本，故事要追溯到鲍伊的柏林岁月。当鲍伊逮到一个他认为敲了自己竹杠的小贩，就开着车连续不断地撞击小贩的车。随后，伊基说鲍伊开始以每小时 70 英里（约113 千米）的车速在所住酒店的地下车库疾驰，一边高声咆哮着要结束这一切，一边撞向墙壁。幸运的是，在撞上墙壁之前，车没油了。

1973 年，在齐格·星尘最火的时候，鲍伊开上了劳斯莱斯银魅，远离了坐着改造的旧救护车赶场子演出的日子。鲍伊拥有一系列经典车型，包括捷豹 E-Type 跑车、福特野马跑车和 21 英尺（约 6.4 米）长的奔驰敞篷豪华轿车——这款车型常为国家元首座驾之选。

鲁伯特的莱利

20 世纪 70 年代初，鲍伊在朋友的帮助下制造了一辆 1932 款莱利雄鸡 9。他花费了不少时日在这辆木构架的车上，还录制了一首单曲《鲁伯特的莱利》（Rupert the Riley）来表达他对此车的喜爱。可是没过多久，这辆车在伦敦刘易舍姆警察局外熄火了。鲍伊将车挂在一挡试图发动引擎时，车突然起步并将他撞倒在地，致其双腿骨折。在刘易舍姆医院待上一周后，鲍伊决定出售这辆爱车。在他出演齐格·星尘那段时间，你可以看到鲍伊整条右大腿内侧因此次车祸留下的长长疤痕。

宝马 Mini

1999 年，经典英伦轿车宝马 Mini 举行 40 周年庆。为纪念这一时刻，制造商 BMC 邀请了三位英国偶像级人物——凯特·摩斯（Kate Moss）、保罗·史密斯（Paul Smith）和大卫·鲍伊为展会设计三辆独特的 Mini 汽车。史密斯用他标志性的彩带将他的那辆车包裹起来，摩斯选择了蜘蛛网主题，而鲍伊则凭借这款经典车型的全镜面板独树一帜——他将车窗及整个车身喷镀成镜子。当鲍伊就这一创意接受采访时，他解释道："这样，观赏者自己的影像即刻成为车身界面。"现在，鲍伊的这款 Mini 作为永久展品存于慕尼黑宝马博物馆。

你好，
太空小子

鲍伊被太空深深吸引，太空这一主题
在他的音乐与电影中反复出现。

月球

《月光时代的白日梦》（1972）
严肃的月光巡演（1983）

2009 年，鲍伊的儿子邓肯·琼
斯执导科幻电影《月球》
（Moon）。

地球

《凡人》（1997）

鲍伊在 1976 年的讽刺科
幻电影《天外来客》中扮
演了一个类人类外星人。

太空

《太空异事》（1969）
《太空中舞蹈》（2013）

2013 年，宇航员克里斯·哈德菲
尔德（Chris Hadfield）在国际空间
站演绎了自己版本的《太空异事》。

火星

《火星上有生命吗？》（1971）
《齐格·星尘和火星蜘蛛乐队的崛起与陨落》（1972）

大卫的火星蜘蛛乐队得名于 1954 年意大利大量的
不明飞行物目击事件。目击者声称他们沐浴在椭圆
形不明飞行物（UFO）投射出的闪烁银光里。官方
给出的解释是，这是随高空急流迁徙的蜘蛛产生的
大团飘浮的丝。

卫星

《寻找卫星》（1997）

娄·里德（Lou Reed）的歌曲《爱的卫星》（*Satellite of Love*）写于 1970 年，彼时他还是地下丝绒乐队（The Velvet Underground）成员。此曲后来被收入鲍伊 1972 年专辑《变压器》（*Transformer*），鲍伊充当和声。

UFO

《生于 UFO》（2013）

传闻鲍伊与同窗好友曾出版发行关于不明飞行物（UFO）的新闻通讯。

太空人

《尘归尘》（1980）
《你好，太空小子》（1995）

1995 年，鲍伊与画家达明安·赫斯特（Damien Hirst）合作了一幅旋转画《美丽的，你好，太空小子的画》（*Beautiful, Hallo, Spaceboy Painting*）。2016 年此画在拍卖会上以 785 000 英镑售出。

星星

《星星侠》（1972）
《最美的那颗星》（1973）
《新杀手之星》（2003）
《今夜群星璀璨》（2013）
《黑星》（2016）

齐格·星尘是鲍伊塑造的最具标志性的角色。

齐格演奏过……

……吉他、萨克斯管、钢琴等多种乐器。1961年圣诞节，鲍伊的父亲送给他一把白色的格雷夫顿萨克斯管，并成功请到英国顶级上低音萨克斯管演奏家罗尼·罗斯（Ronnie Ross）每周六上午给鲍伊上课。十年后，鲍伊为娄·里德制作专辑时，请来罗斯演奏《行走在荒野》（*Walk on the Wild Side*）一曲。在一次录制中，当罗斯完美地完成独奏后，鲍伊从中控室走出，开玩笑地说道："谢谢你，罗斯。周六上午我要不要去你家上课呢？"

口琴

斯笛洛风电子琴

大提琴

小提琴

中提琴

直笛

曼陀林

2

鲍伊在《火星上有生命吗？》中演奏的直笛的数目。你可以在此曲第二节听到两支直笛演奏的高音复调旋律。

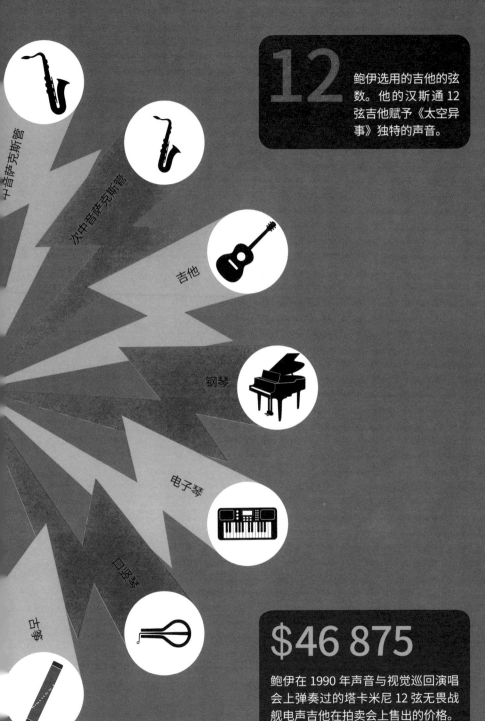

12

鲍伊选用的吉他的弦数。他的汉斯通 12 弦吉他赋予《太空异事》独特的声音。

中音萨克斯管

次中音萨克斯管

吉他

钢琴

电子琴

口弦琴

鲁特琴

$46 875

鲍伊在 1990 年声音与视觉巡回演唱会上弹奏过的塔卡米尼 12 弦无畏战舰电声吉他在拍卖会上售出的价格。

创造齐格

姓名

这位外星人巨星的名字"星尘"取自一位名为"传奇星尘牛仔"（the Legendary Stardust Cowboy）的乡村歌手。而"齐格"则取自伦敦东区的一家裁缝铺的店名。

化妆

鲍伊的老哑剧老师林赛·肯普教会他化妆。每次演出前，鲍伊要花约 2 小时准备。他从罗马的一间店铺购买印度进口的色彩浓烈的粉与霜，底妆所用白色散粉来自日本，而前额上金色的圆则是用从纽约某店购置的德国产金色粉底。

灵感

齐格融多个人物特征于一体。一点吉恩·文森特（Gene Vincent），一点文斯·泰勒（Vince Taylor），少许伊基·波普，些微马克·博兰，再加少量的林赛·肯普，还有一丝《发条橙》（A Clockwork Orange）中马尔科姆·麦克道威尔（Malcolm McDowell）的痕迹。

发型

鲍伊著名的发型得灵感于《时尚》（Vogue）杂志 1971 年 8 月刊主推的模特克里斯汀·沃尔顿（Christine Walton），而耀眼的红色则复制于《甜心》（Honey）杂志的一位封面模特。鲍伊母亲在贝肯汉姆的发型师苏茜·法西（Suzi Fussey）受雇打造鲍伊形象，成为齐格·星尘巡演的发型师，后与吉他手米克·龙森（Mick Ronson）结为伉俪。

鲍伊传

鲍伊
以牛奶和红椒
续命的日子

1975 年，鲍伊迁居洛杉矶，出演《天外来客》并为之配乐。在新墨西哥州荒漠地带拍摄 11 周后，鲍伊未能如期交付配乐，而是回城着手制作下一张专辑。随着齐格·星尘的谢幕，鲍伊受他在《天外来客》中扮演的角色的启发，转型成为瘦白公爵，住进好莱坞的切诺基录音棚。

就在专辑曲目初步成型的同时，据说鲍伊此间靠牛奶与红椒维持生命，深夜变成了一个个不眠的白昼。到了 11 月，专辑《一站到另一站》终于制作完成。多年以后，当在采访中被问及此专辑时，鲍伊承认："我只知道它是在洛杉矶录制的,这还是从报道中看到的。"

华盛顿广场公园

鲍伊曾说华盛顿广场公园是全纽约自己最喜欢去的地方。

拉斐特街 285 号

1999 年，鲍伊和伊曼买下位于纽约索霍区的顶层豪华公寓，并长居于此直至他去世。

麦克纳利·杰克逊书店

鲍伊以热爱阅读著称，他消耗了不少时日在这间他最爱的书店博览群书。

爱上纽约

埃塞克斯酒店

在搬到拉斐特街之前的十来年里，鲍伊以埃塞克斯酒店9楼的公寓为家。

1993年，鲍伊与伊曼在曼哈顿永久定居。他用回真名大卫·琼斯，成功隐于市——仅需一顶帽子，或者一份夹在腋下的外文报纸，即可让人们无法跟踪他。女儿亚历山德里娅2000年出生于西奈山医院，2016年鲍伊平静地逝于他在曼哈顿的顶层豪华公寓。

电场吧

1971年，鲍伊初次来到美国。在纽约逗留期间，他特意留出时间去电场吧观看了地下丝绒乐队的演出。

> "我在纽约居住的时间比其他任何地方都长久。这个城市棒极了。我是纽约客。"

——大卫·鲍伊，
《市场街南区》（*SOMA*），2003年

纽约舞台剧工作坊

鲍伊最后的工作项目之一，是合作完成《拉撒路》（*Lazarus*）——《天外来客》的音乐剧续集。

远见卓识

鲍伊的成就不仅限于艺术范畴。他还是数字时代的先驱，甚至创办了自己的银行……

2001 年，鲍伊离开维京唱片公司，开创了自己的独立厂牌——ISO。就这一决定，他解释道："我对他们做事的方式持不同看法，作为一名多产的作者，常因整个公司如此迟缓而笨拙的运作而受阻。"

可供下载

1996 年 9 月，鲍伊干了一件史无前例的事情。他发行了新歌《说谎》（*Telling Lies*），但仅能在他的个人网站下载。这可是来自主流艺术家的首支在线单曲，下载用时超过 11 分钟。初上线短短几个小时里，下载量已达 5 000 次。

鲍伊债券

1997 年，鲍伊成为第一位混迹股市的音乐家。"鲍伊债券"让投资者得以从他过往作品的版税中分一杯羹，包括《一切都好》《阿拉丁·萨恩》《让我们跳舞吧》。鲍伊在这个项目上赚取了 5 500 万美元。

"我认为互联网对社会的潜在影响之巨大，无论好的还是坏的，都是难以想象的。"

——大卫·鲍伊，《新闻之夜》（*Newsnight*），BBC，1999 年

鲍伊网

1998 年，鲍伊成为首位迈入互联网服务商领域的音乐人。只需付一小笔费用注册成为鲍伊网的用户，即可创建自己的电邮地址，使用新闻与照片档案，听音乐及观看录影。

金融领域

2000 年，鲍伊成立了个人品牌的在线银行——鲍伊银行。银行向其客户发放储蓄卡，以及印有鲍伊肖像的支票。开户即送鲍伊网使用权一年。

世界

5

关于鲍伊，
你不知道的 5 件事

1 鲍伊曾有过所乘坐的飞机被闪电击中的遭遇，他当时害怕到昏厥过去。之后数年，鲍伊出国旅行都选择乘船。1972 年，鲍伊的美国巡演之旅就是搭乘伊丽莎白女王 2 号邮轮到达纽约的。

2 鲍伊做家务的能力很一般，也自认不擅长烹饪："我会烧水……额，会煮鸡蛋，还会用咖啡机煮咖啡。"他最爱的美食是一道英国风味的菜肴——伊曼亲手做的家常牧羊人派。

3 鲍伊时常看一整天的书。他颇具幽默感，喜欢喜剧《维兹》（*Viz*）和斯派克·米利甘（Spike Milligan）的《普奇科恩村》（*Puckoon*）。就较严肃的作品而言，他评论过 R.D. 莱恩（R.D.Laing）的《分裂的自我》（*The Divided Self*）。纳博科夫（Nabokov）的《洛丽塔》（*Lolita*）、理查德·赖特（Richard Wright）的《黑孩子》（*Black Boy*）等小说也是他爱读的。

4 1969 年，鲍伊出演里昂少女牌爱之冰淇淋广告。导演是年轻的电影制片人雷德利·斯科特（Ridley Scott），他后来执导了著名的电影《异形》（*Alien*）和《角斗士》（*Gladiator*）。

5 鲍伊受邀演唱皇后乐队（Queen）1982 年的专辑《白热地带》（*Hot Space*）中的歌曲《酷猫》（*Cool Cat*），但因对自己的声线不满意，他最终拒绝了这次邀请。后来他继续与皇后乐队合作，创作出榜首单曲《压力之下》（*Under Pressure*）。

大卫·鲍伊

03
工作

鲍尔传

"多年前，我不得不接受自己不善表达自我感受的弱点，但是现在，我的音乐帮助我弥补了这一短板。音乐的旋律里有我想诉说的一切。"

——大卫·鲍伊，《火线》（*Livewire*），2002 年 6 月 16 日

工作

感动了一代人的时刻：
1972 年 7 月 6 日

0:01 伴随着蓝色 12 弦吉他的开场特写，《星星侠》的前奏从鲍伊轻拨琴弦的手指流淌而出。

0:16 镜头切换到鲍伊顽皮的笑容和红色的板刷头——华丽摇滚流行于当下，可是这一次不同寻常……

0:21 镜头缓慢移至鲍伊的彩色连体裤。

0:37 转向展示乐队其他成员：鼓手身着光滑的粉色服装，而吉他手米克·龙森顶着一头漂染过的头发，穿着金色连体裤。

节目：

《流行音乐之巅》

歌曲：

《星星侠》

观众：

1 500 万

1:38 鲍伊凝视前方，演唱时手指指着镜头，仿佛在向每位观众示意。

2:17 鲍伊将手臂搭在吉他手米克·龙森身上。这是表达友谊的手势抑或暗示更多的内容？

3:20 镜头切到穿背心的男孩与笨拙舞蹈的女孩们。外星人乐队与迟钝的青年并存，其本身即是立场的表达。

大碟解析：《一切都好》

这是大卫·鲍伊的第 4 张录音室专辑，也是他为美国广播唱片公司（RCA）录制的第一张唱片。在这张专辑里，鲍伊的音乐创作才能真正得以展示。他的上一张专辑《出卖世界的人》（*The Man Who Sold the World*）已小获成功——当然，尚未成功到上榜的地步——但它只是实验性的，对它的评论也有好有差。而一年多之后，《一切都好》一发行即刻成为乐评界和商业销售的宠儿，这张风靡一时的大热唱片至今仍被认为是鲍伊的最佳作品之一。2010 年，《时代周刊》（*Time*）将其收入有史以来 100 张最佳唱片之列。

关于《一切都好》的 5 个故事

1. 以《泼辣女王》（*Queen Bitch*）一曲致敬娄·里德和地下丝绒乐队。
2. 里克·韦克曼（Rick Wakeman）弹奏的是一台有着百年历史的贝克斯坦钢琴，此琴也曾在披头士乐队、埃尔顿·约翰（Elton John）和创世纪乐队（Genesis）①的乐曲演奏中使用过。
3. 鲍伊常就《比雷兄弟》（*The Bewlay Brothers*）幕后的故事给出不同版本，但他最终承认，此曲写的是他罹患精神分裂症的、同母异父的哥哥特里。
4. 鲍伊的儿子诞生于专辑录制开始前一周。
5. 专辑封面的设计灵感源于德裔美国演员兼歌手玛琳·黛德丽（Marlene Dietrich）的照片。

3 次

荣登英国流行音乐
排行榜专辑榜榜首

时长：
41 分 **50** 秒

录制时间：
1971 年 **6–8** 月

发行时间：
1971 年 **12** 月 **17** 日

① 创世纪乐队，20 世纪 70—90 年代英国最成功的摇滚乐队之一。——译者注

乐队成员

大卫·鲍伊
(David Bowie)

米克·龙森
(Mick Ronson)

特雷弗·博尔德
(Trevor Bolder)

米克·伍德曼西
(Mick Woodmansey)

里克·韦克曼
(Rick Wakeman)

肯·斯科特
（Ken Scott）
制作人

曲目

1　《变化》

2　《噢！你真漂亮》

3　《8 行诗》

4　《火星上有生命吗？》

5　《狂人》

6　《流沙》

7　《充满你心》

8　《安迪·沃霍尔》

9　《写给鲍勃·迪伦的歌》

10　《泼辣女王》

11　《比雷兄弟》

主题

● 美国英雄

● 父爱与家庭

● 嬉皮士民谣

● 脱离尘世

专辑录制于伦敦三叉戟录音室。

汤姆船长

创作于 1969 年——登月之年。
汤姆船长是一位虚构的宇航员，
也是鲍伊半自传式情感宣泄的
出口。汤姆船长实则隐喻竭力摆
脱毒瘾的、失魂落魄的瘾君子。

阿诺德·科恩斯

1971 年，鲍伊与时装设计师弗雷
迪·博雷蒂（Freddie Burretti）合
作，为 B&C 唱片公司录制了不少歌
曲。但那时鲍伊还在与水星唱片公司
的合约期内，不能实名发行这些歌曲，
因而启用了阿诺德·科恩斯（Arnold
Corns）这个化名。不过，这个分身无
甚建树。

齐格·星尘

这个鲍伊最具标志性的角色，是一位雌雄
同体、双性恋、演绎着华丽摇滚的红头发
外星人。1972 年 2 月首次登场亮相。自此，
鲍伊完全沉浸在这个角色里，直至 1973 年，
在发行了两张专辑和齐格这一角色被创造
出来不到 18 个月之后，鲍伊彻底与齐格
诀别。

大卫·鲍伊
的多副面孔

阿拉丁·萨恩

虽然阿拉丁·萨恩（双关语：一个疯子）是一个独立角色，可是鲍伊仅把他当作齐格·星尘的进化版。该角色为 1973 年同名专辑而创设，鲍伊曾将其描述为"齐格到了美国"，他甚至比齐格更加特立独行，惊世骇俗。

万圣节杰克

在告别齐格·星尘和阿拉丁·萨恩后，1974 年鲍伊移居美国，再次转型。万圣节杰克（Halloween Jack）是一只"真的很酷的猫"，在鲍伊 1974 年专辑《钻石狗》（*Diamond Dogs*）中初次亮相。刺头、眼罩和领巾，都是朋克摇滚先锋的造型。

瘦白公爵

无可挑剔的着装，麻木而无道德准则，鲍伊形容他在 1975—1976年扮演的角色瘦白公爵为"一个确实让人讨厌的人物"。头发一丝不苟地梳到脑后，挺括的白衬衫与西装背心，瘦白公爵与他以往的角色截然不同，虽然同样惊世骇俗。鲍伊后来为他作为公爵的一些行为致歉。

服饰的演变

大胆实验与不断改变是鲍伊音乐、生活及造型不可或缺的部分。他的服饰总是在演变，总是十分有趣，与他的音乐一样，成为其表演的重要组成部分。

1960 年代摩登派①

60 年代的伦敦，到处都是摩登派。鲍伊喜欢上直筒短上衣和安哥拉羊毛套装的造型。

夺人眼球的裙装

鲍伊长发低垂，钟爱雌雄莫辨的衣服与喇叭裤。

怪诞风

安吉·鲍伊（Angie Bowie）协助设计了齐格·星尘和阿拉丁·萨恩富有异域风情的服装。设计师弗雷迪·博雷蒂则设计了大部分造型，包括著名的绗缝连体衣。

摩登派是指英国 20 世纪 60 年代初衣着时
尚整洁、骑小轮摩托车、喜欢黑人音乐的青
年。——译者注

东京波普风

鲍伊与日本设计师山本宽斋（Kansai Yamamoto）合作设计了阿拉丁·萨恩的服装。这身太空武士服，加上宽松练功裤，成为鲍伊的经典造型之一。

套装

还是弗雷迪·博雷蒂，设计了鲍伊在 1974 年《钻石狗》巡演中穿的浅蓝色套装和独特的蓝色套头衫。

现代风

这件"米字旗"呢大衣是亚历山大·麦昆(Alexander McQueen)为鲍伊设计的。1997 年专辑《凡人》的封面上，鲍伊就穿着它。

大碟解析：《"英雄"》

1976年，为戒掉对可卡因的依赖及避开公众关注，鲍伊从洛杉矶移居柏林。在与伊基·波普同住一间公寓时，鲍伊对德国音乐剧和布莱恩·伊诺（Brian Eno）的极简派乐风产生了兴趣。鲍伊与伊诺合作的"柏林三部曲"（Berlin Trilogy）体现了他在20世纪70年代勇于实验，不断进步。《"英雄"》（"*Heroes*"）以鲍伊震撼的演唱、伊诺的音乐合成、罗伯特·弗里普（Robert Fripp）的吉他伴奏以及托尼·维斯康蒂创新的制作，被誉为富有创造性的巅峰之作，持续不断地影响着一代音乐人。

关于《"英雄"》的5个故事

1. 维斯康蒂架设了3个麦克风（而非通常的1个）录音：分别设在9英寸（23厘米）、20英尺（6米）和50英尺（15米）处。
2. 鲍伊说歌名所用引号表示对"英雄"一词和对英雄主义整体概念的反讽。
3. 录音棚在距柏林墙约547码（500米）处。
4. "曲线策略"（Oblique Strategies）是由布莱恩·伊诺和鲍伊共同创作的一套卡片。抽出一张卡片并按指令去做，艺术家以此克服创作中的障碍。
5. 《"英雄"》这首歌曲讲述了两位恋人的故事，灵感源自制作人维斯康蒂及其女友的柏林墙之吻。

3 次

荣登英国流行音乐
排行榜专辑榜榜首

时长：
40分**19**秒

录制时间：
1977年6-8月

发行时间：
1977年10月14日

鲍伊传

乐队成员

大卫·鲍伊
（David Bowie）

罗伯特·弗里普
（Robert Fripp）

卡洛斯·阿洛马尔
（Carlos Alomar）

丹尼斯·戴维斯
（Dennis Davis）

布莱恩·伊诺
（Brian Eno）

托尼·维斯康蒂
制作人，打击乐及伴唱

曲目

1. 《美女与野兽》
2. 《狮子乔》
3. 《"英雄"》
4. 《沉默年代的儿子》
5. 《封锁》
6. 《V-2 施耐德》
7. 《怀疑的感觉》
8. 《苔藓花园》
9. 《新克尔恩区》
10. 《阿拉伯半岛的秘密生活》

主题

- 爱情故事
- 曲线策略
- 可卡因成瘾 / 幸存 / 疯狂
- 器乐曲

专辑录制于柏林墙边的汉莎录音室。

滚石乐队主唱米克·贾格尔（Mick Jagger）在 20 世纪 60 年代进入乐坛。70 年代初，鲍伊与贾格尔因对写作、摄影、音乐的共同爱好成为密友，但在 80 年代合作录音之后，两人联系中断。同为超级巨星，为他两做一番数据比较如何？

大卫·鲍伊

录音室专辑
25 张

单曲
120 首

享年
69 岁

逝于
2016

唱片售出

1.4 亿
张

音乐录影
72 支

活跃年代
1964—2016

最大型巡演

玻璃蜘蛛巡演（1987）

8 600 万美元
收入

86 场
演出

300 万名
观众

最大型音乐会

新西兰，奥克兰
（1983）

8 万名
观众

生于
1947

米克・贾格尔

《当街舞蹈》

1985 年，鲍伊与贾格尔在援助非洲义演"拯救生命"演唱会上翻唱了 1964 年马文・盖伊（Marvin Gaye）的歌曲《当街舞蹈》（*Dancing in the Street*）。这首单曲获得巨大成功，荣登英国流行音乐排行榜单曲榜榜首。

单曲
120首

录音室专辑
30张

唱片售出
1.4 亿张

音乐录影
64支

活跃年代
1962—

生于
1943

最大型巡演

更大的爆炸（2005—2007）

5.58 亿美元
收入

147 场
演出

468 万名
观众

最大型音乐会

巴西，里约热内卢
（2006）

150 万名
观众

工作

与我同在的摇滚音乐人都有谁？

鲍伊喜欢与其他音乐人合作，并在录音棚里鼓励创新与实验。198□年他与皇后乐队合作录制《压力之下》，鲍伊领衔歌词创作以及开□部分的重复乐段，此曲一举成为英国榜最热门合作单曲。那么，鲍□还与哪些音乐人合作过呢？

史蒂夫·雷·沃恩

皇后乐队

皮特·汤森

厄尔·斯利克

托尼·维斯康蒂

米克·龙森

娄·里德

里克·韦克曼

罗伯特·弗里普

伊基·波普

特伦特·雷兹诺

莫特胡普尔
乐队

拱廊之火
乐队

尼尔·罗杰斯

露露

约翰·列侬

米克·贾格尔

布莱恩·伊诺

吉奥吉·莫罗德

大碟解析：《黑星》

这是大卫·鲍伊生前最后一张录音室专辑，秘密录制于 2015 年春，发行于 2016 年 1 月 8 日——鲍伊的 69 岁生日。两天后，鲍伊去世。专辑的主题仿佛是鲍伊在应对自己的死亡，可他在录制中全程活力四射，精神状态相当好。吉他手本·蒙德（Ben Monder）回忆道："我每天离开录音棚时都是兴高采烈的，完全不曾料想我所参与的，竟然是他的遗世之作。专辑部分素材是有些阴郁，但我从未读出其他更可怕的含义。"

关于《黑星》的 5 个故事

1. 封面、标签和唱片套都是乔纳森·巴恩布鲁克（Jonathan Barnbrook）的作品，他也是鲍伊《不信上帝的人》《Heathen》、《真实》（Reality）、《第二天》（The Next Day）等专辑的设计者。
2. 专辑充满神秘，隐藏诸多秘密，其中包括当唱片置于阳光下会出现一片星空。
3. 封面上主星下方的星星碎片，拼出的是鲍伊的名字 BOWIE。
4. 《黑星》是鲍伊在美国的第一张榜首唱片。
5. 这也是唯一一张封面未用鲍伊肖像的唱片。

1 次

荣登英国流行音乐排行榜专辑榜榜首

时长：**41** 分 **13** 秒

录制时间：
2015 年 **1–3** 月

发行时间：
2016 年 **1** 月 **8** 日

乐队成员

大卫·鲍伊
（David Bowie）

唐尼·麦卡斯林
（Donny Mccaslin）

本·蒙德
（Ben Monder）

蒂姆·勒菲布夫尔
（Tim Lefebvre）

马克·吉利亚纳
（Mark Guiliana）

杰森·林德纳
（Jason Lindner）

托尼·维斯康蒂
制作人，弦乐演奏与策划

曲目

1 《黑星》

2 《可惜她不是一个好女人》

3 《拉撒路》

4 《休（或：在犯罪季）》

5 《女孩爱我》

6 《美元时代》

7 《我无法抛弃一切》

主题

● 谋杀（基于剧本）

● 第一次世界大战

● 痛苦与用药

● 告别与死亡

专辑录制于纽约魔法商店与全球人类
录音室。

工作

71

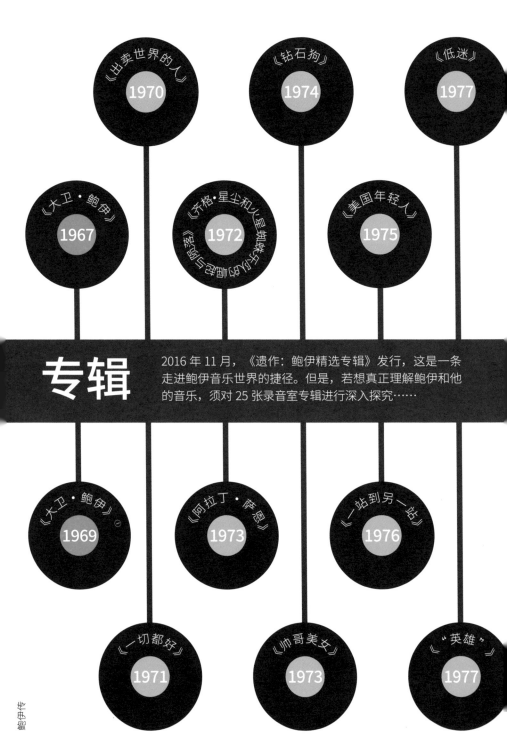

专辑

《出卖世界的人》 1970

《钻石狗》 1974

《低迷》 1977

《大卫·鲍伊》 1967

《齐格·星尘和火星蜘蛛乐队的兴衰与陨落》 1972

《美国年轻人》 1975

2016 年 11 月，《遗作：鲍伊精选专辑》发行，这是一条走进鲍伊音乐世界的捷径。但是，若想真正理解鲍伊和他的音乐，须对 25 张录音室专辑进行深入探究……

《大卫·鲍伊》① 1969

《阿拉丁·萨恩》 1973

《一站到另一站》 1976

《一切都好》 1971

《帅哥美女》 1973

"英雄" 1977

① 1969 年的专辑《大卫·鲍伊》即《太空异事》。——译者注

《让我们跳舞吧》
1983

《外面》
1995

《真实》
2003

《房客》
1979

《别让我失望》
1987

《时间》
1999

《黑星》
2016

"[《黑星》是]一张超级前卫的专辑，它证明了鲍伊总是先人一步——他现在将永远保持领先地位。"

——肖恩·奥尼尔（Sean O'Neal），2016 年

《白色怪物（与超级爬虫）》
1980

《黑领带，白噪音》
1993

《不信上帝的人》
2002

《今夜》
1984

《凡人》
1997

《第二天》
2013

音乐创作艺术

剪

切……

"我逼迫自己成为优秀的音乐创作人——而今目标已然实现。为之我付出了努力。"

——大卫·鲍伊，
《太空歌者》（*Starman*），2012 年

20 世纪 70 年代中期，鲍伊开始采用"剪切"的方式创作歌曲。这一做法是受威廉·S. 巴勒斯（William S. Burroughs）的启发，他曾用这一技巧创作小说《赤裸的午餐》（*Naked Lunch*）。鲍伊把歌词写在纸上，而后将其剪切开来，打乱，再重新组合，从而形成更加有趣的内容。

钢琴师……

鲍伊为《一切都好》和《齐格·星尘和火星蜘蛛乐队的崛起与陨落》写歌时，安吉·鲍伊与他一同居住在哈登庄园。她记得鲍伊在钢琴旁待的时间很多，她回忆道："大卫是一位才华横溢的天才音乐家。他的创作方法并非科班习得，而凭借双耳。他随意拨弄几下某种乐器，就能弹奏出一首曲子。在钢琴上创作，为他打开了通向多种风格的音乐之门，因为钢琴与各式音乐类型都有关联——古典音乐，卡巴莱，每一种。"

大卫·鲍伊

04
遗产

"杜兰杜兰乐队（Duran Duran）、麦当娜（Madonna）、Lady Gaga、碧昂丝（Beyonce）、蠢朋克乐队（Daft Punk）——无论他们演绎的流行音乐是豪情万丈，还是稀奇古怪，无论是衣冠楚楚，还是看似从未见过的新鲜玩意儿，他们运用的工具与框架大部分是由一位来自布罗姆利，有着一口碑石般方正牙齿，名字借自一款定刃猎刀①的男人构建的。"

——凯特琳·莫兰（Caitlin Moran），《莫兰宣言》（*Moranifesto*），2016 年

①这款定刃猎刀名为鲍伊刀。——译者注

数字记录下的鲍伊

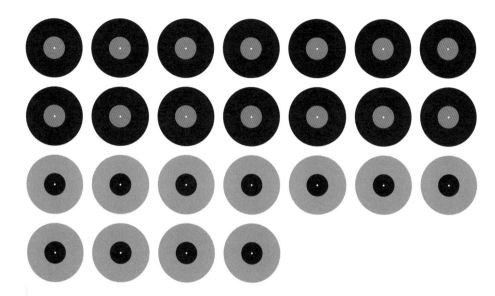

25 张录音室专辑

11 次荣登英国流行音乐排行榜专辑榜榜首

《阿拉丁·萨恩》《帅哥美女》《钻石狗》《可怕的怪物（与超级爬虫）》《让我们跳舞吧》《今夜》《变化·鲍伊》《黑领带，白噪音》《遗作：鲍伊精选专辑》《第二天》《黑星》

5 次获得格莱美奖

2006 年，鲍伊获得格莱美终身成就奖。

4 次获得全英音乐奖

1996 年，鲍伊获得英国流行音乐偶像奖之杰出贡献奖；2016 年，获得偶像奖。

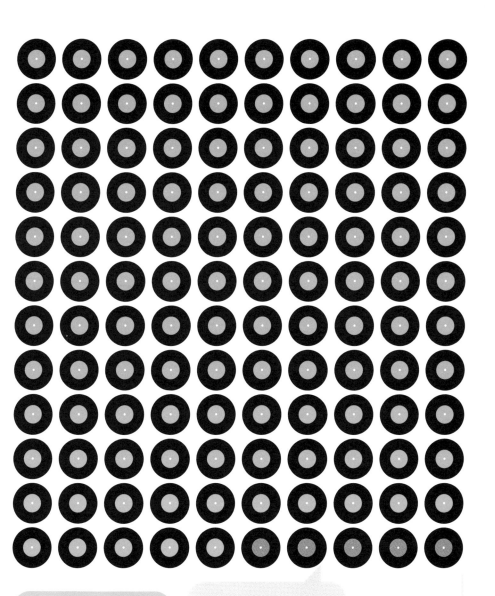

有零 - 零 - 零钱吗?

全球耗资最巨的音乐录影（分年份统计）

$7 000 000

$6 500 000

$6 000 000

$5 500 000

$5 000 000

$4 500 000

$4 000 000

$3 500 000

$3 000 000

$2 500 000

$2 000 000

$1 500 000

$1 000 000

$500 000

1980
大卫・鲍伊
《尘归尘》

1983
迈克尔・杰克逊
《颤栗》

1987
迈克尔・杰克逊
《飙》

1989
麦当娜
《表现自我

鲍伊特别偏爱他塑造的第一位角色——《太空异事》里的汤姆船长，在收入专辑《可怕的怪物（与超级爬虫）》的《尘归尘》一曲里为他续写了故事。这支拍摄于英格兰南海岸的音乐录影，拥有包括面孔乐队（Visage）史蒂夫·斯特朗（Steve Strange）等怪咖在内的班底，还请来娜塔莎·科妮洛弗（Natasha Korniloff）设计服装，耗费了让人咂舌的 50 万美元，一举成为当年砸钱最多的音乐录影。

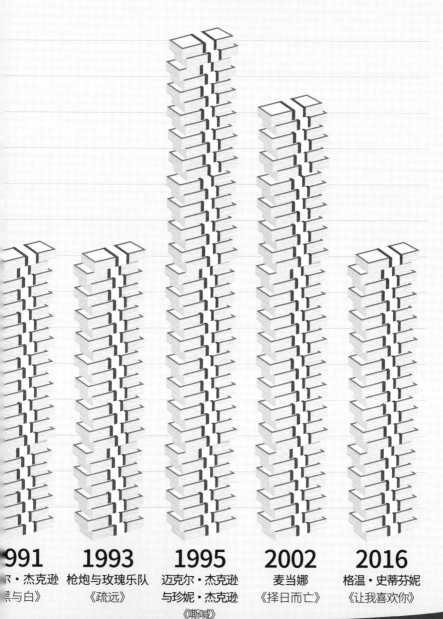

991
尔·杰克逊
黑与白》

1993
枪炮与玫瑰乐队
《疏远》

1995
迈克尔·杰克逊
与珍妮·杰克逊
《嘶喊》

2002
麦当娜
《择日而亡》

2016
格温·史蒂芬妮
《让我喜欢你》

开启多扇
音乐之门

鲍伊的音乐曲风多变，并且每种音乐风格都创作出了让人印象深刻的歌曲。他为数以百万计来自不同背景的大众开启了音乐之门，受其影响的音乐类型之多，亦无人能及。

朋克乐

女妖苏西克（Siouxsie Sioux）曾断言，没有鲍伊，就没有朋克音乐。年轻的朋克乐迷是通过鲍伊才接触到被誉为"朋克教父"的伊基·波普。"他是 20 世纪最重量级的艺术家。"苏西克说。

流行乐

保罗·维勒（Paul Weller）说，《声音与视觉》(Sound and Vision) 里的鼓乐单凭一曲之力，即界定了未来十年的鼓乐；而自《低迷》中前卫风与田园抒情风的完美结合，现代流行音乐由此成型。

独立风

鲍伊让标新立异得到认可。回声与兔人乐队（Echo and the Bunnymen）的伊恩·麦卡洛赫 (Ian McCulloch) 深受鲍伊思想的激励。在他的歌《我与大卫·鲍伊》(Me and David Bowie) 里，他试图阐释此意，并向他的英雄致谢。

后朋克风

快乐小分队乐队（Joy Division）及其解散后重组的新秩序乐队（New Order）十分感激鲍伊在专辑《低迷》中运用的实验性声线。赶时髦乐队（Depeche Mode）的大卫·加恩（David Gahan）打小就以为自己的人生无处可去，是鲍伊给了他逃离的信心……

新浪漫风

杜兰杜兰乐队、斯潘道芭蕾乐队（Spandau Ballet）和日本乐队（Japan）都借用过鲍伊的造型，后来鲍伊又在《尘归尘》的音乐录影中再次使用。

摇滚乐

U2 乐队的刀刃（Edge）②称鲍伊"创新无止境的精神"赋予了他们推出《注意点儿，宝贝》（*Achtung Baby*）之类唱片的力量。史密斯乐队 (The Smiths) 的约翰尼·玛尔（Johnny Marr）曾说，鲍伊展示了怎样通过表演得仿佛你完全相信了你就是他，来成为你想成为的任何人或物。

①日本乐队：1974 年组建的英国乐队。——译者注
②刀刃：原名大卫·荷威·伊凡斯 (David Howell Evans) 。——译者注

银幕上的鲍伊

自打青少年时期，鲍伊就打算从事音乐创作，从未想过成为演员。可是，随着齐格·星尘的诞生，一切都不一样了。他一登台，即刻充满强烈的戏剧性。没过多久，他便成为银幕上大受欢迎的演员……

1969
《意象》

1969
《童兵》

1991
《痴心妄想》

1988
《基督最后的诱惑》

1986
《初生牛犊》

1992
《双峰镇：与火同行》

1996
《轻狂岁月》

《火枪手复仇记》
1998

1999
《人人都爱阳光》

2000
《莱斯先生的秘密》

1970
《镜子谋杀案》

1973
《齐格·星尘》

1976
《天外来客》

1978
《只是个舞男》

1983
《圣诞快乐，
劳伦斯先生》

1986
《魔幻迷宫》

1985
《皇家密杀令》

《千年血后》
1983

2006
《致命魔术》

2006
《亚瑟和他的
迷你王国》

电影类型

- 艺术片
- 西部片
- 科幻片
- 幻想片
- 战争片
- 恐怖片
- 犯罪片
- 戏剧片
- 惊悚片
- 音乐片
- 宗教片
- 喜剧片

鲍伊还在一些电影中扮演自己，如《堕落街》（1981）、《黄胡子》（1983）、《超级名模》（2001），以及《乐团狂飙》（2009）。他还客串出演了2006年瑞奇·热维斯（Ricky Gervais）的情景喜剧《临时演员》。

42 个关键词

2013 年，当记者请鲍伊提供一份他的最新专辑《第二天》的工作流程图时，他给出了 42 个关键词……

魅魔

恐吓

吸血鬼

放纵

移情

阔商

暴力

万神殿

人质

阴曹地府

身份认同

塑像

复仇

界面

渗透

转换

杀戮

暴君

主宰

埋葬

踪迹

流逝

飞行

强征入伍

冷漠

移居

无政府主义

背叛者

操纵

翻转

瘴气

取代

葬礼

起源

巴尔干半岛

因果报应

墙

城市

神秘感

悲剧

文本

神经

★ ★ ★ ★ ★ ★ ★ ★ ★ ★ ★ ★ ★ ★

鲍伊
遗产拍卖

★ ★ ★ ★ ★ ★ ★ ★ ★ ★ ★ ★ ★ ★

鲍伊去世时留下约 1 亿美元遗产给伊曼和子女。2016 年 11 月 10—11 日，鲍伊的 400 余件艺术与家具藏品交付伦敦苏富比拍卖行拍卖。

艺术藏品

356 件
艺术藏品总数

1 430 万 英镑
预估价

3 290 万 英镑
实际销售所得

在鲍伊艺术藏品拍卖中，有 59 位艺术家的作品创下其作品售价的最高纪录。

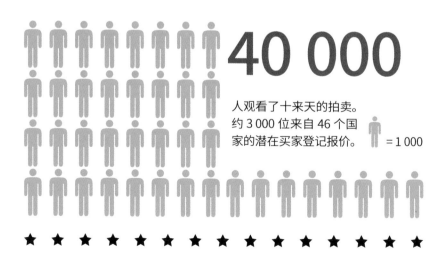

40 000

人观看了十来天的拍卖。约 3 000 位来自 46 个国家的潜在买家登记报价。 ♟ = 1 000

★ ★ ★ ★ ★ ★ ★ ★ ★ ★ ★ ★ ★ ★

★ ★ ★ ★ ★ ★ ★ ★ ★ ★ ★ ★ ★ ★

设计师作品

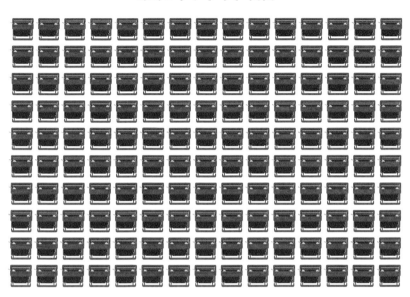

我出 150 倍的价格

一台由索特萨斯和佩里·金联袂设计的红色奥利维蒂情人节打字机，估价 300 英镑，最终以估价 150 倍的天价 45 000 英镑被一位电话竞标者买走。

$323 049

鲍伊私人定制
布里翁韦加唱片机的售价

11.7万
英镑

预估价

140万
英镑

实际销售所得

这台唱片机的估价为
1 000~2 000 英镑

★ ★ ★ ★ ★ ★ ★ ★ ★ ★ ★ ★ ★ ★

5件以"鲍伊"命名的事物

角宿
（SPICA）

七星星群

为纪念鲍伊这位"太空歌者"的一生，一群比利时天文学家仰望苍穹寻找灵感。他们声称，在火星附近有七颗闪耀的星星构成星群，形似阿拉丁·萨恩的闪电标志。这并非官方发布，但天文学家们提交了以"鲍伊"命名此星群的申请。

折威七 / 天秤座西格玛
（SIGMA LIBRAE）

史密森星表（SAO）
204132 号

库楼一 / 半人马座泽坦
（ZETA CENTAURI）

史密森星表（SAO）
241641 号

北三角
(BETA TRIANGULUM
AUTRINI)

南极座德尔塔
（DELTA OCTANTIS）

342843 大卫鲍伊

就在鲍伊68岁生日到来的三天前，小行星中心——一个观测小行星的组织——批准了以"鲍伊"命名一颗小行星。它是德国天文学家菲利克斯·霍穆斯（Felix Hormuth）在2008年首次观测到的。

蜘蛛侠

一种 2009 年在马来西亚发现的亮黄色猎人蛛被命名为大卫鲍伊异足蛛（*Heteropoda davidbowie*）。

黑星冰淇淋

2017 年，柏林一家冰淇淋店开始发售其最新款冰淇淋——黑星，以鲍伊最后一张专辑命名，由栗子冰淇淋、黑巧克力及古巴雪茄烟味奶油混合而成。

布里克斯顿英镑

这是为促进贸易，2009 年伦敦当地发行的一种纸币。2011 年，这张纪念"布里克斯顿男孩"的 10 英镑纸币被推出。在鲍伊去世时，该纸币以 5 倍于面值的高价兑换。

小传

伊基·波普
(1947—)

伊基·波普称与鲍伊的友谊为"我的生命之光"。两人初识于 1971 年。到 1976 年，鲍伊不仅照顾吸毒成瘾的伊基，还为伊基的第一张专辑《白痴》（The Idiot）担任制作人。后来，伊基搬进鲍伊在柏林的公寓与他同住。

娄·里德
(1942—2013)

鲍伊称娄·里德为"大师"，在 20 世纪 60 年代，鲍伊无比倾心于地下丝绒乐队。鲍伊参与制作了里德第二张独唱专辑《变压器》。直至 2013 年里德去世，他们一直是挚友。

凯特·摩斯
(1974—)

她将鲍伊视为父亲般的人物。2003 年，两人在同为《Q》杂志拍摄照片时成为朋友。2014 年，摩斯身着鲍伊标志性的"森林生物"服，代表鲍伊领取了全英音乐奖之最佳英国男歌手奖。

托尼·维斯康蒂
(1944—)

美国唱片制作人兼音乐家。他为鲍伊制作了 13 张专辑。尽管偶尔意见相左，但他们的友谊历久弥深。维斯康蒂是为数不多的知晓鲍伊病情的几位密友之一。

罗伯特·福克斯
(1952—)

英国电影及舞台剧导演。1974 年，与鲍伊成为朋友。他俩因书籍与舞台剧结缘，友谊维系了 40 多年。他们最后的合作是音乐剧《拉撒路》。

可可·科林·施瓦布

任鲍伊私人助理长达 43 年。施瓦布于 1973 年进入鲍伊的经纪公司，最初只是办公室职员。不到 6 个月，即成为鲍伊的私人助理。鲍伊的所有巡演都有她陪同。鲍伊曾说施瓦布是他最好的朋友。

马克·博兰
（1947—1977）

20世纪60年代，当鲍伊还只是一名装潢工时，已结识马克·博兰。1971年，博兰与他的乐队 T.Rex 因热门单曲《骑乘白天鹅》（*Ride a White Swan*）一举成名。1977年9月，鲍伊现身博兰"马克秀"巡演的最后一场。之后不到一个月，博兰因车祸丧生。

蒂尔达·斯文顿
（1960— ）

"他看似与我来自同一个星球。"斯文顿如是说。当鲍伊电话邀约她一起出演2013年音乐录影《今夜群星璀璨》时，两人相识并成为朋友。这位女演员说鲍伊如同兄长一般，他们一直保持着亲密的关系。

约翰·列侬
（1940—1980）

鲍伊与这位前披头士乐队成员初识于1974年。两人合作完成了《名声》（*Fame*）的制作，此曲成为鲍伊在美国的第一首榜首单曲。在列侬接受的最后一次采访中，他说希望能推出可与鲍伊的《"英雄"》媲美的专辑。

乔治·安德伍德
（1947— ）

他是鲍伊相识最久的老朋友，也是致其双眸瞳色不一的人。作为一名艺术家，他因设计了20世纪70年代一些唱片封面而闻名，其中就包括《一切都好》和《齐格·星尘和火星蜘蛛乐队的崛起与陨落》。

米克·龙森
（1946—1993）

鲍伊的吉他手来自赫尔，以吉他独奏闻名，也为娄·里德的《行走在荒野》弦乐部分编曲。英年早逝，悄无声息地死于肝癌。

布莱恩·伊诺
（1948— ）

英国音乐人，作曲家，鲍伊40多年的好友与合作伙伴。两人曾合作过《低迷》《"英雄"》《房客》《外面》。伊诺记得鲍伊幽默的电邮，包括最后一封："感谢你带给我们的美好时光，布莱恩。友谊长存。"

- ⬤ 音乐人
- ⬤ 朋友
- ⬤ 制作人
- ⬤ 助理